Sharon Rentta

Moritz in der AUTOWERKSTATT

Aus dem Englischen
von Leena Flegler

GERSTENBERG

Heute hilft Moritz seinem Papa in der Werkstatt.

Dies hier ist die Werkstatt. Sie heißt „Hund & Sohn".
Moritz mag den „Sohn" im Namen. Damit ist er
gemeint, und das bedeutet, dass dies alles eines Tages
ihm gehören wird.

Die Automechaniker sind schon früh am Morgen bei der Arbeit und reparieren ein super-duper-sagenhaft-teures tolles Auto. Das Auto gehört Herrn Kater, einem Bankdirektor, und er will es am Nachmittag ohne einen einzigen Kratzer wieder abholen.

Am Morgen trägt sich jeder in den

ARBEITSPLAN ein.

und Sohn!

Meister Hund

Tom, der Bison

Oskar, der Ameisenbär

Olivia, die Straußendame

Nancy Eichhorn

Autolack ist richtig klebrig.

AUTO-LACK

AUTO-LACK

AUTO-LACK

In der Werkstatt heißt Moritz' Papa nicht „Papa", sondern
„Meister Hund", aber Moritz kann ihn so nicht ansprechen.
Es klingt einfach zu komisch.

Automechaniker reparieren alles, was Räder hat.

Dieser Lieferwagen hat eine Reifenpanne.

In diesem Auto geht die Alarmanlage nicht mehr aus.

Unter der Motorhaube dieses Busses haben sich einige
Hühner versteckt. Sie haben sich nichts Böses dabei
gedacht. Es war dort einfach schön warm.

GACK!
GACK!

Automechaniker können keine
Raketen reparieren, selbst wenn
man sie inständig darum bittet.

Automechaniker sehen oft unten-drunter nach, um einen Fehler zu finden.

Große Mechaniker sind gut darin, unter kleine Autos zu sehen,

und kleine Mechaniker sind gut darin, unter große Autos zu sehen.

Hier sind einige Dinge, die Automechaniker für ihre Arbeit brauchen:

Zange

Schraube und Mutter

Ölkännchen

Schraubenschlüssel

Reserverad

Freundlichkeit

Unter dieses Auto zu sehen, lohnt sich nicht. Es handelt sich hier um einen Totalschaden. Das bedeutet, man kann das Auto genauso gut verschrotten.

Vieles lässt sich auf unterschiedliche Art und Weise reparieren. Tom, der Bison, findet, dass die beste Reparatur ein Schlag mit dem Schrauben-schlüssel ist.

Manche Werkstattkunden hatten einen Unfall.

Dieser Elefant hat sich aus Versehen auf statt in sein Auto gesetzt.

Und dieser Hund hat einen Unfall verursacht,
weil er sich versehentlich die Hose über
den Kopf gezogen hat. Er braucht eine neue
Stoßstange und einen neuen Kühlergrill.

Ein guter Mechaniker sollte immer den
Zustand der Autositze kontrollieren.
Moritz findet, diese hier sind in einem
hervorragenden Zustand.

Die meisten Kunden sind mit der Arbeit der Mechaniker sehr zufrieden.

Frau Barsch ist sehr dankbar, dass der Wasserstand in ihrem Auto wieder in Ordnung ist.

Die Giraffe benötigte eine Sonderanfertigung, das bedeutet, besondere Änderungen an ihrem Auto.

Sie sagt, das neue Dach und die Lackierung sind allererste Sahne, das bedeutet, das Ergebnis ist richtig gut!

Manche Kunden sind aber auch richtig verärgert.

Herr Kater wollte offenbar keine Pfotenabdrücke auf seinem Auto. Meister Papa Hund hat nicht die geringste Ahnung, wie die dort hingekommen sind.

Er bittet seinen besten Mechaniker, sie wieder zu entfernen, und bald ist der Kunde wieder zufrieden. Na ja, zumindest halbwegs.

Moritz findet, er ist schon fast ein Profimechaniker.
Heute lernt er, dass es von Vorteil ist, das Dach eines Cabrios und die Fenster
zu schließen, bevor man die Autowaschanlage anschaltet.

Außerdem lernt er, dass man sich in Reifenstapeln wunderbar verstecken kann, wenn der Chef mal wütend ist.

Manchmal ist wenig los in der Werkstatt.
Dann können die Mechaniker
aufräumen und sich ausruhen.

Tom sortiert gerne seine
Schraubenschlüssel.

Nancy reckt und streckt
sich zur Entspannung.

Aber manchmal ist einfach
zu wenig los, vor allem, wenn
es draußen sehr warm ist.

Nicht ein einziger Kunde war am Nachmittag da.
Was ist denn nur los?

Plötzlich klingelt das
Telefon.

Und klingelt

Und klingelt.

Jede Menge Autos sind
liegen geblieben.

Merkwürdig! Sie stehen
alle im selben Stau.

Jetzt müssen
die Mechaniker
ausrücken!

Olivia sucht ein paar
Ersatzreifen zusammen.

Oskar packt
Proviant ein.

Tom schnappt sich
die Schrauben-
schlüssel, und los
geht's!

Jetzt wissen sie, warum in der Werkstatt nichts los war.
Bei diesem Wetter fährt jeder ans Meer!

Aber weiter vorne ist ein Unfall passiert.
Eine Ladung Kisten ist von einem Lastwagen gefallen
und hat einen mächtigen Stau verursacht.

Alle sind verärgert, und die
Motoren laufen heiß.

Sofort machen sich
die Mechaniker an
die Arbeit.

Puh!

Sie wechseln Reifen …

und füllen Kühlwasser nach.

Sie bessern Kratzer und Schrammen aus …

und ziehen sämtliche Schrauben und Muttern fest.

Oskar überprüft die Ölstände.

Es ist viel zu tun, und einige Fahrer werden ungeduldig.
Tom muss zwei zankende Pinguine trennen.

Meister Papa Hund repariert die Türen
des Lastwagens, damit sie nicht wieder
von alleine aufgehen.
Moritz hat die wichtige Aufgabe, die
Kisten einzusammeln.

Aber irgendetwas an diesen Kisten ist
merkwürdig. Sie fühlen sich ganz kalt an.
Moritz beschließt nachzusehen, was in
den Kisten steckt.

Es ist Eis!

Kiste um Kiste voll mit Eis!
Während die Mechaniker die letzten Autos
reparieren, teilt Moritz das Eis aus –
bis zum allerletzten!

Diese Eissorten findet Moritz in den Kisten:

Schokotraum

Früchtewirbel

Waffelschnitte

Lutsch-
rakete

Vanille-
hörnchen

Softeis

Jetzt lächeln alle wieder (außer der Lastwagenfahrer).
Sie sind sich einig, dass Moritz von allen Mechanikern der beste ist.

Als endlich alle Autos repariert sind, fahren sie weiter …

... ans Meer!

Gute Arbeit, liebe Automechaniker.
Ihr habt euch eine Pause verdient!

6. Auflage 2025
Deutschsprachige Ausgabe © 2014 Gerstenberg Verlag, Hildesheim
Text und Illustrationen © 2014 Sharon Rentta
Die Originalausgabe erschien unter dem Titel *A Day with the Animal Mechanics*
bei Alison Green Books, an imprint of Scholastic, London.
Aus dem Englischen von Leena Flegler
Handlettering: Marilena Grebe
Alle deutschsprachigen Rechte vorbehalten
Der Gerstenberg Verlag behält sich die Nutzung
seiner Inhalte für Text und Data Mining im Sinne
von § 44b UrhG ausdrücklich vor.
Printed in China
Gerstenberg Verlag GmbH & Co. KG
Rathausstraße 18–20, D-31134 Hildesheim
verlag@gerstenberg-verlag.de
ISBN 978-3-8369-5804-2

Weitere schöne Bilderbücher
findest du auf unserer Homepage:
www.gerstenberg-verlag.de

Für Dala,
die wirklich gut darin ist,
Dinge zu reparieren